AF204353

DICHT AM LEBEN

HEIKE SCHAUMANN

GEDICHTE

– ENTSTANDEN AUS DEM LEBEN

UND AUS DEM ERLEBEN MIT

MENSCHEN MIT DEMENZ –

Imprint

Dicht am Leben, Gedichte

Heike Schaumann

published by: tredition GmbH, Hamburg

www.tredition.de

Copytight: © 2015 Heike Schaumann

978-3-7323-3446-9 (Paperback)
978-3-7323-3447-6 (Hardcover)
978-3-7323-3448-3 (e-Book)

LÄCHELN

manchmal ist so ein

Lächeln in deinem Gesicht

weißt du doch mehr

als ich denke –

lachst du über meine Anstrengung dich zu
verstehen –

ist es vielleicht gar nicht so schwer

wie ich denke?

STADIEN

Vergesslichkeit

Misstrauen

Wut

Trauer

Verzweiflung

Ausgeliefertsein

wird zu

Hingabe:

was du mit mir

tust

nehme ich hin

HILFLOS

all diese Hilflosigkeit

macht mich wütend

manchmal möchte ich

in dies starre Gesicht

schlagen

will, dass es wütend wird

dann erschrecke ich –

Trauer überwältigt mich –

erkenne soviel ungelebtes Leben

auch in mir

LOB UND TADEL

alle loben Dich

weil Du so tüchtig bist

verwirrt aber fröhlich

du lächelst so lieb

alle mögen Dich

du bringst so richtig Stimmung in die Bude

die Anderen beneiden mich

jedes Mal wenn ich Dich abhole

bin ich sauer:

deine dunkle Seite gehört nur mir

NACHTGEDANKEN

klammerst dich an mich

beschimpfst mich

weinst wenn ich gehe

schlägst nach mir

  liebst du mich?

  liebe ich dich?

  hasst du mich?

  hasse ich dich?

schlaflose Nächte habe ich schon damit verbracht

wie ich dir helfen kann

und

wie ich dich loswerde

TOCHTER/MUTTER

ich bin verwirrt

weil ich nicht mehr weiß

wer du bist

hast mich geboren

dann verloren

du weißt nicht mehr

wer ich bin

immer dachte ich

alles über dich zu wissen

aber in die Welt, in der du jetzt lebst, kann ich dir

nicht folgen

SCHRITTE, WEGE

wenn ich mich dir ganz zuwende

verstehe ich plötzlich deine Sprache:

was du mich lehrst

gilt für alle Menschen

wenn ich deine Gefühle ernst nehme

mit all ihrer Wucht, ihrer Intensität

sehe ich die Welt mit deinen Augen,

werde ich auch meine Gefühle ernst nehmen

wenn ich den schweren Weg mit dir gehe

den Tod vor Augen

immer entfernter von Wirklichkeit

nähere ich mich dem Leben an

LEBENSLUST

eben saßt du noch apathisch in der Ecke

aber irgendwas hat sie wieder geweckt

deine Lust aufs Leben

wenn es kurz aufleuchtet in deinen Augen

dann fasse ich wieder Mut

allen Erfahrungen zum Trotz

glaube ich an das Leben

AUßEN VOR

ich stehe ganz außen

und schaue zu

langsam wird alles schlechter

manchmal hilft kein Trost mehr

dann bin ich sprachlos

oder finde noch kleine Worte

keiner nimmt mir das übel

ihr seid tolerant geworden

gegenüber der normalen Welt

HIMMEL UND HÖLLE

mit Kreide

        feine Spuren auf den Stein gezeichnet

schon sind die Linien verwischt

in Erwartung des Himmels

schon mal laut „Hölle" gerufen

keinen Vertrag gemacht

        mit dem Glück

HERZ-LEID

älter geworden

fühlt das Herz

die Leere

mehr als den Schmerz

um den Hohlraum auszufüllen

ist alles recht

was sich findet

bis das Herz

übervoll mit Alltäglichem

keine Wahl hat - und stolpert.

WIEDERHOLUNG

die wiederholte Wiederholung

daher gebetet

redet die Wahrheit nur klein

gebetsmühlenartig

verteilt sie die Angst

mikroskopisch im Umraum

bis sie wieder zusammenklumpt

in mir

VIELERLEI GLÜCK

schlafen und wachen

erinnern ohne zu trauern

Gemeinschaft suchen und frei sein

trösten, feiern, fragen und die Antworten verstehen

das Glück wie ein Hauch

weht die Verlassenheit hinter uns her

und lässt die doppelt allein

die es festhalten wollen

STAU

der Finger liegt noch in der Wunde

die Zeit heilt Manches

auch nicht in hundert Jahren

wenn du groß bist

erinnerst du den Schmerz

als sei es heute gewesen

was dich aufhält

obwohl es unaufhaltsam

herausdrängt?

Alle werden sehen, wer du wirklich bist

UNERHÖRT

Ungesagtes an allen Menschenecken

angeheftet auf Dingen

liegen die Worte

unsehbar

unhörbar

tauchen in meinen Träumen auf

Ich kann sie fühlen

fast berühren sie meine Haut

endlos viel Worte

gesprochen –

ungesprochen –

unerhört

FLASHBACK

unter der Haut

liegen die Bilder

die dich jucken

du willst sie wegkratzen

schlägst nach uns

wenn wir dich berühren wollen

du schaust durch uns hindurch

unsagbarer Schmerz

aus der Vergangenheit

unsichtbar für unsere Augen

bleiben die Bilder

im Dunkeln

unerlöst

unlösbar

gebunden in deinen Körper

sterben sie erst mit dir

und hinterlassen

eine blutende Spur

WUNDSCHMERZ

ich leckte das Salz

mit eigener Zunge

wieder aus der Wunde

in die ich es selbst

hineingestreut hatte

ich leckte, bis die Zunge

selbst Wunde war

Wunde in Wunde

selbstzugefügt

unheilbar

im Schmerz der Wiederholung

STOLZ

verdammter Stolz

Gefühl ohne Gegenüber

einsam schlagen die Herzen

unter deinem Panzer

ich brauche dich

du liebst niemanden

mit dir bleibe ich

ich selbst

ohne dich

bin ich nur Spielball

bin nichts Eigenes

Gefährte der Einsamen

verfluche ich dich

MUTTERTAT

warum kennst du das nicht:

stolz auf mich

immer noch trifft es mich

unversehens

deine Ungläubigkeit

dass ich jemand bin

dass ich denke

dass ich fühle

dass ich seit langem Dinge tue

von denen du nichts weißt

ich soll da sein

und gleichzeitig verschwinden

eine dünne Pappfigur

in deinem Wohnzimmer

die du nicht verstehen musst

weil sie nur sagt

was du nicht zu sagen hast

also schweigt

die nur isst

was du ihr zuteilst

die nur Teil ist

oder weniger

die nur braucht

was man braucht

also irgendwer

die beim Kochduell

gewinnt

in deiner Phantasie

Von der du nichts weißt

als ihren Namen

eine Tochter

ohne Eigenschaften

ALZHEIMER I

es ist nicht die Pest

vielleicht ist es schlimmer

es wächst nicht wie ein Tumor

es hinterlässt Löcher im Ganzen

wie ein Fieber verändert es das Bewusstsein:

nur dauerhafter

es sind kleine Schritte

immer in eine Richtung

es gibt keine Umkehr

nur Rückschritte

wie auf einer Reise

gibt es Anfang und Ende:

doch nur mit einem Ziel

alle Tränen werden

zu Recht geweint

und der Trost

kann nur unzulänglich sein

Momente des Glücks

der Begegnung

müssen reichen, für lange

SUCHE

süchtig träumst

du

dich in die Anderen

was du selbst

eignest

verschwindet

unaufhaltsam

wird aufgesogen

im Schwamm

ungelebter

Zeit

innen ist nicht wie außen

Wahrheit ist nicht ohne Lüge

Spieglein zeigt dich

und doch nicht

hinter den sieben Bergen

wohnt die Schöne

die du wirklich bist

ALZHEIMER II

langsam verschwindest du

ich weiß nicht wohin

du gehst

in kurzen Momenten

fasse ich dich

nicht mit Händen

du durchschaust mich

mit anderen Augen

zitternd und schwankend

gehst du deiner Wege

sprachlos

auch wenn du sprichst,

weinst du unsichtbare Tränen

über die vertane Zeit

FRAGE UND ANTWORT

in der Nähe der Verwirrten und Siechen

werde ich schüchtern:

mit zittriger Stimme

bekenne ich meine Sünden:

war hochfahrend

und undankbar

habe die Geschenke des Lebens

nicht geachtet

in der Nähe des Vergessens

und der Sprachlosigkeit

werde ich stumm

bedecke den Mund

mit meinen Händen:

habe gezweifelt

dabei den Sinn verloren

ich bereue und nehme es an:

jede Frage verdient die Suche nach Antwort

NAMENLOS

namenlos irre ich durch Wälder

ein Moment

verwurzelt mich

ich will nicht freigegeben werden

ohne Heimat sein

zerstückelt an Wegkreuzungen

unter Buchen und Kiefern

wachse ich wieder zusammen

ein Ganzes an vielen Orten

die ich, namenlos, Heimat nenne

in meinem Ausweis

erweist es sich:

gebürtig aus

eine Tochter von –

zwei Menschen

die bereits ohne Heimat waren

dünne Fäden halten mich noch

erinnerte Sprache

zerredet das Echte

heimatlos, wenn ich Heimat denke

HAUTLOS

ohne Laut gleitet der Schmerz

in dich hinein

breitet sich aus

füllt dich

bis der Körper

Hülle ist

hauchdünn

SCHWARZ UND WEIß

du liebst mich

du liebst mich nicht

ich schaffe alles

ich schaffe nichts

wir vertrauen uns

wir vertrauen uns nicht

ich bin schwarz

ich bin weiß

ich bin ich

ich bin niemand

du kennst mich

du kennst mich

UNVERTRAUT

unvertraut sind die Worte geschrieben

an tausend Orten

die Gedanken verstreut

jetzt treffe ich sie wieder:

kleine, pralle Früchte

des Lebens –

da und dort – unvermutet –

fallen sie mir in den Schoß

ALZHEIMEREHE I

immer weinst du – wenn du mich siehst

dann denkst du an früher

wie ich mal war

und daran, was hätte sein können

du guckst ernst, wenn du mich lachen siehst

dann bist du traurig

weil ich keinen Grund habe, fröhlich zu sein

du bist verzweifelt, weil du keine Zukunft siehst

und unser gutes Leben vorbei ist

schau mich an, nimm mich wahr

dieser Moment ist glücklich

ALZHEIMEREHE II

warum bist du so stumm

sagst den ganzen Tag kein Wort

warum guckst du so dumm

am liebsten würde ich abhauen

weglaufen, dich schütteln

bis du wieder so bist wie früher

warum sitzt du nur da

kaust Nägel

starrst in die Flimmerkiste

verstehst ja doch kein Wort

am liebsten würde ich mich verkriechen

dich nie mehr sehen

dich verkloppen

bis du so bist wie früher

warum bist du so anders als früher?

warum weiß ich nicht was du denkst?

du lächelst, lächelst, ich seh dich an:

am liebsten möchte ich mit dir wegfahren

dich lieben, mit dir streiten wie früher –

als du noch ein toller Mann warst

FÄHIGKEIT

die Dinge die du getan hast

die du nicht getan hast

wie du gelebt hast

weißt du selbst nicht mehr

„ich bin 87, aber ich fühle mich wie 12"

dann bist du wieder so schlau

ich werde nicht klug daraus

alles ist verborgen

und dann

liegt es offen da

du hast keine Ahnung, was du mit der Seife tun
sollst –

aber in Breslau siehst du die Straßen vor dir

du kämst nach Hause –

wenn du am richtigen Ort wärst

UNGESCHEHEN

mach es ungeschehen

sag, dass es nicht wahr ist

nimm diese Last weg

in deinem Gesicht diese Verständnislosigkeit –

lass mich glauben, sie vergeht wieder

viele Male die Illusion gehabt

du wärst wieder wie früher –

aber ein Wort von dir

zeigt mir

es ist geschehen

WORT FÜR WORT

eine Stunde höre ich dir zu

Wort für Wort

kein Satz mehr ganz

ich verstehe dich

fühle was du mir sagst

ein bisschen werde ich du

oder bist du ich

am Ende fragst du:

„bin ich ich?"

ich sehe ein

du bist Du

durch mich

ZUFÄLLIGES KUNSTWERK

frühmorgens – noch im Traum –

wurde es Bild – leicht, farbig

später – festumrandet – glasvormittagsdicht

blieb es verschlossen

mittags – ließ es mich sonnenlichthell

im Dunkeln

in der Dämmerung – voll Leben

hinterließ es eine

leuchtende Spur

REISE

treibend im Bett des Flusses

blieb ich eingeschlossen

kein Blick hinaus

am Ufer nichts zu sehen

nur Weiden und Erlen

dumpfe Bäume des Wassers

immer abwärts

brachte die Mündung

keine Rettung

als das offene Meer

das Gedicht

findet sich in mir ein

wie ein Traum

ich lasse es eintreten

in den Raum

ohne Wände, ohne Decke

die Worte liegen

bodennah

steigen auf, fallen wieder

ihre Bewegung

beruhigt mich

der Raum wächst

in mir

tönt das Lied

an der Sprachwand

prallen die Worte ab

und werden unkenntlich gemacht

eben noch lebendige Gedanken

fallen sie wie tote Fliegen

in den Staub

keine Klagemauer

nimmt sie auf

sprachlose Wortgebilde

kaum, dass sie

auf die Welt gekommen sind

ICH

die Zerklüftung in mir ist fortschreitend

und nichts kehrt zurück

die Zerstörung geht rückwärts vor sich

das Nahe geht zuerst

die Gegenwart zerfällt in kleine Stücke

ohne Zusammenhang

Schmerz und Freude kommen aus der
Vergangenheit

wenn du sie mit mir lebst

Zukunft ist, was andere mir ermöglichen

aus Liebe

DEMENZ = OHNE GEIST

der Mensch mit „ohne Geist"

lacht und weint

macht alles das ganz dreist

wovon du meinst, er kann es nicht

kaum, dass er laufen kann

will er unter Menschen sein

und wenn du glaubst, du bist nah dran

ist er lieber mal allein, eben wie jeder Mensch

wenn er ganz ohne Sprache ist

redet er trotzdem noch

es ist ein Funken, der in seinen Augen blitzt

dann weißt du, er ist noch nicht tot

stirbt der Mensch mit „ohne" Geist

verlässt den Leib, die Erde

willst du wissen was das heißt:

wie bei jedem Anderen

stirb und werde

wieder heil

ZUSCHAUERTRAUM

das andere Leben leben

ohne Anstrengung

die gesehenen Dinge nicht anfassen müssen

das Ende kennen, weil du

aufhörst, wenn es am schönsten ist

in der kleinen Nische

leb ich ganz gut

wie der schmale Grat

zwischen hoffen und verzweifeln

mir reicht

wenn wir zusammen auf dem Seil tanzen

ist das Glück perfekt

FREMDE

wenn ich dich dort lasse

– nennen wir es Heim –

allein unter Fremden

wirst du mir fremd

wenn ich dort bei dir bin

– nennen wir es zu Gast –

mit dir unter Fremden

sind wir uns fremd

wie wir es auch nennen

– auch wenn es nötig war –

du bist weg

ich bin allein

mir fremd

ohne dich

Mutter sein –

da ist etwas im Werden

das ich nie ganz habe

Erfüllung im Loslassen

GESCHENK

Finger, Füße, Stimme

Brüste

die in meiner Hand liegen

solange ich sie fühle

bin ich ganz

ich bin ganz

fühle sie

in meiner Hand liegen

Brüste

Stimme, Füße

und Finger

eingewohnt

und ausgedehnt

bin ich

zuhause

in diesem Körper

schwer und leicht

ist es in ihm

zu leben

in die Ordnung

eingefügt

widerstrebe ich so oft

wie ich es hinnehme

VERWIRRTE ZEICHEN

engumschlungen

stehen wir am Abgrund

des Vergessens

ich versuche dich zu halten

aber du lässt mich nicht

du siehst mich nicht mehr

du hörst nicht, was ich sage

du gehst weiter

und fällst

tiefer

als menschenmöglich

GLÜCKSMOMENTE

wenn dein Blick mich trifft

und weiter sieht

als unendlich

wenn alles was war

Zukunft bedeutet

jeden gelebten Tag

wenn wir uns verstehen

ohne einer Meinung zu sein

wenn du weißt, dass ich weiß,

dass wir uns vertrauen

wenn ich glaube

zu wissen, was ich nicht weiß

und fühle,

dass du mich liebst

der Tod kam ersehnt

und gefürchtet

jetzt hat er klare Verhältnisse

geschaffen

nichts mehr zu hoffen

trotzdem Freiheit errungen

der Widerspruch bleibt

IM BAUM

ich brauche nur zu springen

in den Baum vor meinem Fenster

Rotschwänzchen ist schon da

ganz vorn auf dem Ast, leicht im Wind

es wippt hin und her

fliegt plötzlich davon

es ist nicht weit

ein Meter vielleicht zwei, bis zur Astgabel

ich stehe auf, öffne das Fenster

ich springe und hänge an dem Ast

schwer

er knackt und bricht

ich falle hart auf die Erde

Vogeltraum ausgeträumt

EINLADUNG ZUM STERBEN

tollkühn trauere ich

deinem Sterben voraus

weine mich kaputt

über die unwesentlichen Kleinigkeiten

während du Großes vorhast

einen Moment zögerst du

weiterzugehen

vielleicht, weil ich dir leid tue

IRLAND

Felsen

Gras

Meer

Himmel

soviel davon, das du reich werden kannst

an Sehnsucht

IM WALD

im Wald

wachse ich weiter

werde größer

als ich denken kann

alles verloren gegangene

liegt unter den Wurzeln

glatte Rinde der Hainbuche

bewahrt das Verborgene

vor denen

die

nichts verstehen

überall Teile von mir

in diesem Wald

wachse ich in die Erde

Moos über mir

auf der Lichtung

wandere ich nachts

wenn die Erde mich

freigibt

langsam wachse ich

mit den Bäumen

höher

gehöre dem Wald an

bis ich am Wegesrand

gefällt

aufgestapelt

mein Schicksal erwarte

und wieder den

Menschen gehöre

DEMENZ-SPIEGEL

wütend starrst du in den Spiegel
was du siehst macht dich krank
unvorbereitet trifft es dich
dies Verrückte in deinem Gesicht

schlurfend gehst du weiter
auf deiner Reise gegen die Zeit
manchmal hältst du an, um zu lächeln
wenn du etwas Schönes erinnerst

ratlos treffen sich unsere Blicke
du schaust weiter als gut ist
fragst aber nichts
und ich antworte nicht
auf das Offensichtliche

wie es enden wird, wissen wir nicht

von Tag zu Tag

raten wir weiter

schauen uns an

bevor du verschwindest

du stolperst und fällst

du stehst wieder auf

du stolperst und fängst dich

du stolperst und

ich fange dich

du stolperst und

niemand sieht dich fallen

ins Unendliche

ich suche dich

und kann dich nicht finden

ich suche weiter

und finde

dich nicht wieder

du hörst mich rufen

aber du antwortest nicht

mehr

du bist schon zu fern

von mir

jedes Wort bietet sich an

verwendet zu werden

gedankenreich

bedeutet es mehr

als alles, was anfassbar

zählbar

unaufhaltsam

Leben zerstört

biegsam

edelmütig,

hat es Gewicht

ohne wiegbar zu sein

Wort für Wort

schreibe ich Totes

in

Lebendiges

zurück

STERBENSNAH

sterbensnah sehnst du dich

nach allem Alltäglichen

essen und tanzen

rasieren und reden

egal, wie banal es ist

was sollte wichtiger sein

als leben

einen Tag wie den anderen

und die Nacht

bis es dich trifft

FREUNDIN

schwesterlich

träufelst du Balsam

auf meine wunde Seele

reibst nochmal fest

bis ich schreie

Zeitfracht Medien GmbH
Ferdinand-Jühlke-Straße 7
99095 Erfurt, Deutschland
produktsicherheit@kolibri360.de